VOYAGE

SUR LES

BORDS DU RIO NUÑEZ

RIVIÈRE DE L'AFRIQUE OCCIDENTALE

[1848]

Extrait d'un Voyage sur les côtes occidentales de l'Afrique de 1845 à 1848.

PAR M. EDÉLESTAN JARDIN,

Aide-Commissaire de la Marine, membre de la Société académique de Cherbourg.

CHERBOURG

IMPRIMERIE DE MARCEL MOUCHEL, RUE NOTRE-DAME, 4.

1851.

DÉDIÉ

A

MONSIEUR

LE CHANTEUR DE PONTAUMONT,

Trésorier-Archiviste de la Société académique de Cherbourg.

VOYAGE

SUR

LES BORDS DU RIO NUÑEZ

RIVIÈRE DE L'AFRIQUE OCCIDENTALE,

1848,

PAR M. EDÉLESTAN JARDIN,

Aide-Commissaire de la Marine, membre de la Société académique de Cherbourg.

Description. — Villages. — Mœurs. — Coutumes. — Chasse à l'Hippopotame. — Election d'un roi nègre. (Février 1848.)

—

Des circonstances de service relatives au bâtiment de l'Etat sur lequel j'étais embarqué, me conduisirent, en 1848, dans l'Afrique occidentale, sur les bords pittoresques et peu décrits du Rio Nuñez. Les faits dont ce voyage m'a rendu le témoin, seront racontés ici sans apprêt; leur laisser la couleur du lieu et du moment, c'est assez les orner.

Le Rio Nuñez est une de ces nombreuses rivières qui arrosent la partie occidentale de la côte d'Afrique appelée Sénégambie, au sud de l'archipel Bissagos. Cette rivière est connue plus que toutes les autres par l'excellent café désigné sous le nom de Rio Nuñez, quoiqu'il ne croisse pas sur ses bords. Son cours est d'environ trente lieues navigables, les deux tiers pour des navires de trois cents tonneaux, et l'autre tiers pour des navires d'une moindre dimension. Elle se rétrécit ensuite en un mince filet d'eau que les pirogues des noirs peuvent à peine parcourir. Le flux et le reflux de la mer s'y font sentir dans presque toute son étendue.

Trois peuplades habitent les bords du Rio Nuñez : à son embouchure sont les Bagas, qui passent pour très féroces, et avec lesquels les relations des Européens sont nulles ; au milieu, les Nalous, moins sauvages que les précédents, cultivent les *arachides ou pistaches de terre* (*), pour les livrer en échange de denrées européennes.

Au haut du fleuve, les Landoumans ont plus encore que leurs voisins l'esprit d'échange, par suite du trafic qu'ils font avec les habitants de l'intérieur, au moyen des caravanes que ceux-ci envoient chaque année avant la saison des pluies.

L'embouchure du Rio Nuñez est assez large, mais elle est obstruée par de nombreux bancs de sable, dont un, plus élevé que les autres, forme une île basse sur laquelle croissent quelques joncs et de maigres arbustes. Les bords sont garnis de mangliers et de palétuviers qui forment une haie fort épaisse, demeure habituelle des singes et des aigrettes. Après avoir

(*) *Arachis hypogæa*. Les graines de cette plante servent à une foule d'usages, et principalement à la fabrication d'un savon très blanc, très sec et sans odeur.

remonté la rivière dans une longueur de 20 milles, distance que le courant, qui fait environ une lieue à l'heure, fait parcourir rapidement malgré le calme, on arrive dans un vaste bassin entouré de verdure de toutes parts, où le Rio Nuñez se divise en deux branches, l'une, qui n'est que la continuation de la rivière, et l'autre qui, venant du Nord, se joint au Rio Grande, faisant pour ainsi dire une grande île de toute la partie de la côte qui se trouve entre ces deux cours d'eau; c'est du moins ce qu'affirment les noirs du pays, mais aucune carte ne donne ces détails.

Le premier village devant lequel on mouille, Victoria, est situé sur la pointe avancée entre les deux bras de la rivière. Un négociant anglais occupe l'habitation principale, et fait défricher les environs. Plus loin, dans l'intérieur, se trouve le village, composé de quelques cases isolées, où les noirs, assis sous l'avant-toît, à l'abri du soleil, raccommodent leurs filets pour aller pêcher à l'embouchure de la rivière.

Sur la rive droite au dessus de Victoria, on trouve le marigot ou crique de Caniope, qui se prolonge dans une longueur de 9 à 10 milles. Au-delà, ce n'est qu'un ruisseau qui serpente au milieu de rochers, et que les canots ne peuvent remonter. Lamina-Towl, roi des Nalous, a fait construire sur les bords de ce marigot une grande case, qui lui sert, une partie de magasin et l'autre de maison de campagne, et d'où il surveille ses cultures de pistaches. Son parent Carimou demeure à quelque distance de là. C'est un fervent musulman, mais il ne connaît guère l'histoire du Prophète; dans une promenade que je fis avec lui, j'eus l'occasion de lui expliquer les moyens dont Mahomet s'était servi pour établir sa religion et la manière dont elle est maintenant pratiquée par les riches. Il fut grandement attristé, lui sincère partisan des dogmes du Coran, lorsqu'il apprit comment à Constantinople, en dormant le jour et faisant festin pendant la nuit, on éludait le *Ramadan*, mois de pénitence et de jeûne, pendant lequel on doit s'abstenir de nourriture depuis le lever jusqu'au coucher du soleil. Il me pria de lui laisser par écrit ces détails, ce que je fis de grand cœur. Peut-être en méditant, Carimon reconnaîtra l'absurdité de sa religion; mais qui lui fera connaître la nôtre? Il n'y a pas encore de missionnaires dans le Rio Nuñez.

On trouve des hippopotames dans la crique de Caniope, et nous faisons nos préparatifs pour une chasse à cet animal. Trois embarcations sont disposées en conséquence; nous sommes munis de balles carrées, moins susceptibles que les balles rondes, de ricocher sur la peau épaisse de l'amphibie. Un canot de service était allé en avant, chargé de provisions, et l'on devait disposer le dîner à l'habitation de Lamina, qui nous attendait. Arrivés en cet endroit, nous faisons embarquer dans un des canots un habitué de cette crique et de la chasse que nous allions faire, afin de nous conduire dans cette expédition.

Dans certains endroits le marigot a plus de cent mètres de largeur; dans d'autres, il se rétrécit assez pour que les grands arbres qui croissent sur ses bords, se joignent au sommet et forment une immense voûte de verdure, qui intercepte presque entièrement les rayons du soleil.

Nous avançons toujours, mais nous ne voyons point le gibier que nous cherchons; des singes en grand nombre nous regardent passer, en faisant à travers le feuillage les plus laides grimaces; ils s'élancent de branche en branche avec une souplesse extraordinaire; quelques tortues, au pied des palétuviers, rampent au contraire péniblement et se cachent à demi dans la vase dont on peut à peine les distinguer à cause de la couche de boue qui couvre leur écaille; quelques aigrettes blanches et grises courent çà et là sur le rivage et s'enfuient devant nous; le canot approche quelquefois si près des bords, qu'avec la main on peut atteindre les branches des arbres qui s'avancent au dessus de l'eau.

Nous ne perdons cependant pas l'espoir ; la mer est basse et les endroits découverts laissent voir quelques pas d'hippopotames, mais à chaque instant les embarcations rasent le fond, l'eau n'est plus assez profonde pour les faire flotter, et les hommes sont obligés de descendre dans la rivière pour les remettre à flot, il n'est plus possible d'avancer et nous retournons sur nos pas.

Cependant à une petite distance de l'endroit où nous sommes, l'on voit s'agiter l'eau, partout ailleurs si calme ; on fait silence, les rames sont levées, le courant seul nous entraîne, mais arrivés à l'endroit où nous avions soupçonné quelque chose, nous ne voyons rien qui annonce la présence d'un des animaux que nous cherchons. Enfin un hippopotame montre sa tête au dessus de l'eau, nous sommes sûrs, par conséquent, qu'il en existe encore. Les mêmes précautions sont prises, mais encore inutilement, le rusé amphibie disparaît à nos regards et reprend sa course sous-marine.

Nous arrivons dans un endroit de la rivière où le lit est plus large et plus profond. Des indices semblables aux premiers se font encore voir, une tête sort de l'eau. Comme tout le monde était attentif et assez près pour pouvoir tirer sur l'animal avec chance de l'attraper, le commandant, qui était le plus en avant, fait feu ; il n'en faut pas davantage, et l'animal plonge aussitôt sans que nous puissions savoir si la balle l'a atteint. Mais quelques jours après, nous apprîmes que le coup avait porté juste et que l'hippopotame était allé mourir sur les bords de la rivière, où les nègres l'avaient dépécé et s'étaient régalés de sa chair. On apporta à bord les dents de la victime, comme preuve de son trépas.

Les nègres ont un moyen plus sûr et nullement dangereux

de prendre les hippopotames. On sait que ces animaux viennent le soir sur le rivage paître l'herbe de la prairie. Quand la nuit est arrivée, les nègres allument un grand feu qui les attire, et pendant qu'ils sont à rôder à l'entour, les chasseurs cachés dans les mangliers les tirent à coup sûr et presque à bout portant. Plusieurs d'entre nous étaient d'avis de leur tendre ce piége, mais on craignit avec raison la fraîcheur de la nuit qui, dans ces climats est si préjudiciable à la santé; nous étions tous vêtus à la légère, et rien n'étant disposé pour un campement à la belle étoile, nous ajournâmes cette partie de plaisir.

De retour à Caniope, nous trouvâmes le dîner cuit à point, et nous y fîmes honneur. Le roi Lamina et son secrétaire daignèrent s'asseoir à notre table et s'accommodèrent fort bien des mets à la française qui leur furent offerts.

Sur la rive gauche, à un détour de la rivière, Casacabouly, village où Lamina fait sa résidence officielle, s'aperçoit à peine lorsqu'on est au milieu de la rivière; on voit seulement quelques cases à travers les grands arbres qui croissent en avant. Ce village est bâti sur une hauteur d'un difficile accès; on est obligé, pour y arriver, de suivre un petit sentier fort escarpé et de se retenir aux aspérités du roc qui surgit de place en place. La maison de Lamina n'a rien de remarquable, les dépendances sont étendues; on passe, avant d'arriver à l'habitation, devant un vaste magasin ou ce roi-négociant dépose sa récolte, en attendant qu'un Européen vienne traiter avec lui. Devant la maison est une grande toiture, supportée par des piliers et sous laquelle sont suspendus plusieurs hamacs. C'est là qu'on se repose en attendant l'audience, c'est là que plusieurs fois j'ai sommeillé après une course d'herborisations aux environs de Casacabouly.

Le village est un peu plus éloigné. On est obligé, pour s'y rendre, de suivre un sentier couvert, et de traverser un petit marigot, communiquant avec la rivière, à sec de basse mer, mais qu'on ne peut franchir quand le flux se fait sentir. Dans cette flaque d'eau, au milieu des vases, croissent des mangliers qui abritent des myriades de lézards et de crustacés aux couleurs brillantes, des crabes terrestres ou tourlourous, à l'entrée de leur trou, prêts à s'y enfoncer au moindre bruit; des moustiques presque invisibles font entendre leur petit sifflement, et témoignent assez de leur présence par leurs piqûres douloureuses, que suit le plus souvent un gonflement de la partie attaquée; tous ces détails ne sont pas particuliers à ce marigot ni même au Rio Nuñez, on voit pareille chose sur toute la côte, quand les circonstances de localité sont les mêmes.

A six milles environ de Casacabouly, sur la rive droite de la rivière, on trouve le village de Rappace, où s'arrêtent les bâtiments français, anglais et belges, qui viennent faire le commerce sur la côte. Un môle en terre qu'entoure une maçonnerie en pierres brutes, soutenue par des pieux à peine dégrossis, s'avance dans la mer, et là les bâtiments déchargent leurs marchandises et prennent la récolte de l'année. Le sel avec les rouenneries et les bimbeloteries forme le principal article d'importation dans ce pays; des caravanes, sous la conduite d'un chef, viennent des parties intérieures du pays faire chaque année leurs provisions. Rappace est pour ainsi dire un lieu de transit, car la consommation qui se fait sur les bords de la rivière est bien peu de chose en comparaison de ce que les nègres du Foutah (*) enlèvent chaque année.

(*) L'intérieur du pays porte le nom de Foutah. Il est divisé en plusieurs parties dont la plus voisine du territoire des Landoumans, s'appelle le Foutah-Diallon.

En face du môle s'élève l'habitation du seul négociant de Rappace, dont la généreuse hospitalité nous a été bien précieuse pendant les trois longs mois que nous avons séjourné dans le Rio Nuñez. Rien de ce qui peut contribuer au bien-être dans un climat brûlant n'est à désirer dans cette habitation, une jolie bibliothèque offre un remède assuré contre l'ennui, lorsque la chaleur ne permet pas de faire de promenade, plusieurs fusils excellents sont au service de ceux qui n'en ont pas, un noir, pratique du pays, guide les amateurs de la chasse dans les endroits où se trouve le gibier, et la table de cet amphytrion complaisant est ouverte à qui veut s'y asseoir. Combien nous aurions été heureux, si nous avions rencontré partout une aussi franche hospitalité, qui nous rappelait celle de l'île du Prince, mais il se trouve rarement sur la côte des personnes aussi bien disposées et à qui d'ailleurs la fortune permette d'agir aussi largement.

La maison et les dépendances, qui sont considérables, sont entourées d'une palissade dans l'intérieur de laquelle on fait entrer le bétail le soir, pour le mettre à l'abri des animaux sauvages. Cette propriété est défendue de place en place par des canons de faible calibre. En dehors de ces retranchements s'étend le village sur une grande surface. C'est le plus considérable de ceux que j'ai visités dans le nord de la côte; du reste, même aspect, même physionomie; autant d'irrégularité; chacun choisit l'endroit qui lui convient, y plante quelques pieux qu'il entrelace de branchages, recouvre le tout d'une toiture en feuilles de palmier et l'habitation est construite.

Ce village, comme les autres de la rivière, a son marabout, ou prêtre de la religion de Mahomet, lequel est en même temps maître d'école. Le soir, les petits nègres se groupent autour d'un feu de branches sèches, allumé au milieu du chemin, et là, chacun d'eux, muni d'une planchette sur laquelle sont écrits des caractères arabes, s'escrime à les déchiffrer tout haut, en recommençant quand il a fini. La réunion est quelquefois nombreuse, et le bruit résultant de cette lecture à haute voix et simultanée d'une dizaine de ces enfants ne laisse pas d'être désagréable. Le marabout surveille les groupes, couché dans son hamac et fumant sa pipe.

A deux milles environ de Rappace, coule dans un lit profond, ombragé par des acacias, un ruisseau d'une eau claire et limpide, où les négresses du village vont chercher l'eau dans d'énormes calebasses qu'elles portent sur leur tête. On y arrive en traversant une plaine couverte de touffes de gardenias (*) dont l'odeur délicieuse embaume l'air au lever du soleil. Le gibier y est abondant, les tourterelles surtout, et il n'est pas difficile à un chasseur, pour peu qu'il ne soit pas trop maladroit, de rapporter dans une course matinale de quoi déjeûner amplement. Les biches se trouvent plus loin dans un bois de lophira (**). Elles n'y sont pas rares et nous en voyions très souvent sur notre table, grâce à notre bon ami du village.

Les loups et les chats-tigres sont fréquents dans ce pays. On se sert pour les prendre d'un moyen fort ingénieux. Dans le creux d'une de ces jattes profondes où les nègres pilent le couscouss, on met un morceau de viande; par le fond, qui est percé à dessein, passe le canon d'un fusil dont la détente est attachée à la proie. Lorsque l'animal vient à saisir l'appât, il tire sur la corde et le coup part; il est tué à coup sûr.

On rencontre à Rappace tous les oiseaux de la rivière, j'y ai vu de plus la spatule, qui fouille dans la vase avec son large bec pour chercher les vers dont elle fait sa nourriture. On com-

(*) *Gardenia Rhotmanni*, Thumb.
(**) *Lophira alata*, Dec[ne].

mence en cet endroit à voir les caïmans, très nombreux dans le haut de la rivière. Lorsque la mer est basse, ces amphibies viennent se chauffer au soleil, sur le bord de l'eau, et l'on saisit ce moment pour les tuer; ils sont assez difficiles à prendre, encore bien qu'ils aient été blessés, car ils cherchent à gagner l'eau; il faut leur couper la retraite et saisir l'instant favorable pour leur jeter un nœud coulant. Les fourrés des bords renferment aussi des loutres, les singes y sont abondants. Quelques peaux de bœufs avaient été mises à sécher aux branches des arbres, elles étaient entourées de vautours qui, malgré la surveillance continuelle et les coups de feu qu'on dirigeait contre eux, revenaient sans cesse à la charge, et parvenaient à enlever quelques morceaux de la proie qu'on voulait leur dérober.

On voit quelquefois des nuages de sauterelles assez épais pour que le soleil en soit caché pendant quelques instants. Ces sauterelles passent à une petite distance au dessus de la terre. Quelques-unes s'abattent sur le navire et les singes qui sont à bord s'en emparent avec avidité pour les croquer, après toutefois leur avoir enlevé adroitement les pattes et les aîles, qui leur paraissent trop dures et peu agréables à manger. Ces sauterelles viennent de l'intérieur; lorsqu'elles n'ont plus rien à dévorer dans une plaine, elles s'envolent où les porte le vent et s'abattent sur un point où elles trouvent une nouvelle pâture. Quelquefois elles sont chassées de leur gîte par le feu que les nègres mettent aux grandes herbes sur lesquelles elles avaient placé leur camp.

A Rappace, la rivière fait un coude et se détourne ensuite aux grands bois de Candouma, ainsi appelés de deux villages désignés sous les noms de grand et de petit Candouma, et dont les cases sont cachées dans la forêt. La rive droite est assez élevée en cet endroit, on y voit beaucoup de biches, mais elles se laissent approcher difficilement, il faut se cacher et les guetter au passage.

Après quelques nouveaux méandres de la rivière, on arrive à Wakaria, ancienne demeure de Tunko, fils du dernier roi des Landoumans, village maintenant en ruines depuis que ce chef l'a abandonné pour se retirer chez le vieux Bouchini, dans une des criques de la rivière. On n'y voit plus que des vestiges noircis par le feu des cases qui y étaient auparavant, et bientôt l'active végétation du pays n'en laissera plus de traces.

A partir de Wakaria, la rivière diminue sensiblement de largeur et de profondeur. Cependant des navires d'une cinquantaine de tonneaux peuvent encore remonter jusqu'à une habitation appartenant à un facteur anglais, qui n'est plus maintenant qu'un lieu de dépôt pour les denrées du pays. Les rives sont moins garnies d'arbres, des clairières fréquentes laissent voir de superbes plaines s'étendant à de grandes distances, quelques-unes défrichées et cultivées, d'autres noires par la combustion des graminées dont le chaume, quelquefois de la grosseur du doigt, n'est pas réduit en cendres et rend la marche fort difficile, sinon souvent impossible : tout ce pays doit être brillant sous le rapport de la végétation pendant la saison pluvieuse, mais dans la saison sèche, c'est-à-dire du mois de février à celui de juillet, la rosée, quoique très abondante, ne suffit pas pour maintenir en verdure les plantes dont la racine ne pénètre pas avant dans le sol, la campagne est aride et desséchée, les bords seuls du fleuve et des marigots sont d'une végétation luxuriante.

Le Rio Nuñez fait encore plusieurs détours, ce ne sont pas de grandes plaines, le terrain est plus irrégulier, on voit des montagnes à l'horizon ; le fond de la rivière est dangereux, même pour les embarcations, c'est un lit de rochers dont quelques-uns surgissent à la surface. Enfin on voit Boqué.

Ce dernier village est le plus considérable de la rivière. C'est le lieu de station des caravanes et l'endroit où habitent la plupart des trafiquants d'Europe. Il est bâti sur une montagne de basalte et de trachyte, au pied de laquelle coule le Rio Nuñez. Composé comme tous les villages de noirs, de cases en paille ayant de loin la forme de ruches à miel, il ne renferme que quelques maisons bâties à l'européenne, dans lesquelles résident les facteurs. La case elle-même du roi ne se distingue des autres que parce qu'elle est plus grande et que sous l'avant-toit il y a toujours quelques nègres couchés dans des hamacs ou assis sur des nattes, les jambes croisées à l'orientale, roulant entre leurs doigts le chapelet musulman, ou nettoyant leurs dents avec une parcelle de citronnier.

Les chefs ou rois des peuples de cette contrée ne diffèrent de leurs sujets que parce qu'ils possèdent un plus grand nombre d'esclaves, ce qui leur permet de cultiver plus de terrain.

En 1838, lors de la guerre entre Sarah, dernier roi des Landoumans, et les caravanes du Foutah-Diallon, les habitants de Boqué, pour se préserver des attaques nocturnes de leurs ennemis, entourèrent le village de fortes palissades, et placèrent de distance en distance les mauvais canons qu'ils avaient pu se procurer et qui paraissent fort anciens.

Sarah, mort en 1846, empoisonné, à ce que l'on croit, laissait deux fils, Tunko et Majoré. Tous deux ambitionnèrent la succession à la royauté, et leur rivalité excita la guerre civile dans le pays. Cette guerre interrompit le commerce sur la rivière; les pirogues chargées de produits ne pouvaient ni monter ni descendre, sans craindre les coups de fusil des noirs leurs adversaires, cachés dans les mangliers dont la rivière est bordée dans presque tout son cours.

Une ancienne coutume du pays veut que le roi des Landoumans fixe sa résidence à Boqué; Tunko, l'aîné des deux frères, aurait été revêtu de ce titre, s'il avait voulu se conformer à l'usage; mais s'étant attiré depuis longtemps la haine des habitants de Boqué, il ne pouvait se résoudre à fixer sa demeure dans un village où il se voyait à chaque instant en danger d'être assassiné.

Majoré, son frère, sut se prévaloir de cette circonstance pour demander plus vivement à être *nommé roi*; mais Tunko était soutenu par le vieux Bouchini, chef d'une tribu des Landoumans, et qui avait une grande autorité sur ces peuples crédules, étant inspiré, *disait-on, de Dieu et de Mahomet*, et l'on craignait de grands malheurs, si l'on nommait un roi sans l'assentiment de ce vieux chef.

Cependant le pays souffrait de cette anarchie. Les communications de village à village par la rivière étaient interrompues, le commerce d'échange ne pouvait plus exister, en 1846 et 1847 il avait été nul, toute espèce de relations entre les Européens et les indigènes avait cessé. Les chefs des villages, fatigués de cet état de choses, et voyant arriver l'époque de l'ouverture de la traite (*), convinrent unanimement de s'en rapporter à l'almamy *ou chef du Foutah-Diallon*, *pour décider* lequel de Tunko ou de Majoré succèderait à Sarah, leur père.

Madiou, délégué par l'almamy pour conduire la caravane à Boqué, était arrivé depuis le commencement de février à la tête des Foutahs. Il reçoit avis du jugement qu'il doit prononcer, et pendant plusieurs jours son incertitude est grande; car en décidant entre Tunko et Majoré, il ne s'agissait rien moins

(*) La traite, c'est-à-dire le commerce d'échange, a lieu dans le Rio Nunez, de novembre en juin; les pluies abondantes qui arrivent ensuite empêchent toute communication, et les Européens ne cherchent guère à pénétrer dans cette rivière marécageuse et malsaine.

que de prendre le parti des Français, qui penchaient pour Majoré, ou celui des Anglais, qui tenaient beaucoup à voir Tunko roi de ce pays.

A cette occasion même, un de leurs bâtiments, *le Grappler*, était venu exprès dans la rivière ; il avait été offert de l'argent à Majoré pour qu'il se désistât de ses prétentions, et à Madiou, pour qu'il nommât Tunko, le roi de leur choix.

Mais Majoré ne voulut pas écouter leurs offres. Madiou accepta peut-être leurs présents, mais n'en conserva pas moins son dessein. Il fixa lui-même le jour de l'élection au lundi 14 février, dans la plaine située en dehors des palissades de Boqué.

Ce jour étant arrivé, nous nous rendîmes au village, chez un des facteurs ou traitants, pour nous mettre à l'abri de l'ardeur du soleil, en attendant l'heure fixée pour la réunion dans la plaine. Pendant toute la journée le village fut en émoi ; les habitants armés, les uns de fusils de traite, les autres d'arcs et de flèches, formaient çà et là sur les places des groupes nombreux et animés, où chacun manifestait son opinion par des gestes expressifs. On reconnaissait parmi eux les Maures du désert, à leur teint d'un noir moins foncé, à leurs cheveux tressés en petites tresses autour de leur tête et à leur nez aquilin, au lieu d'être large et évasé comme celui de la race noire. Tous parlaient avec la plus vive animation et s'entretenaient de l'importante question qui allait être décidée.

Enfin, à notre grande satisfaction, le soleil descendant à l'horizon donne le signal de la prière du soir pour les mahométans. Ils se dirigent vers la place au centre de laquelle se trouve une enceinte formée par un mur de terre d'un demi-pied de hauteur environ, ayant la forme quadrangulaire ; celui des côtés qui est tourné vers l'orient est arrondi en demi-cercle.

Les Croyants tirent leurs sandales, entrent dans cette enceinte, leur marabout en tête, et commencent leurs prières.

Après force Allah et génuflexions, ils touchent la terre du front et sortent de l'enceinte pour se réunir à la masse qui se dirige vers le lieu désigné par le chef des Foutahs.

Nous avions pris le devant, fatigués d'attendre pendant près de six heures, et nous voyions les peuples convoqués se réunir lentement dans la plaine. Les Nalous, les Landoumans et les Foutahs faisant partie de la caravane de Madiou, arrivent par bandes séparées marchant sans aucun ordre.

Ils sont précédés par leurs jongleurs ou griotes, dans un costume impossible à décrire. Celui-ci porte un bonnet de peau de singe noir, son visage est peint de blanc et de rouge, il fait la roue sur les deux mains; celui-là, la tête ornée de grandes plumes de différentes couleurs, tient entre ses doigts des espèces de castagnettes, composées d'un court tube de fer creux et recourbé, dans lequel sont de petits morceaux de fer; deux autres s'avancent gravement à la tête de la troupe, portant une énorme calebasse sur laquelle est tendue une peau de cabri, un troisième frappe dessus à coups redoublés, sans aucune mesure : il accompagne cependant un musicien dont l'instrument se compose d'une petite calebasse recouverte d'une peau légère, avec un manche le long duquel sont tendues des cordes qu'il fait résonner dans le genre des guitares. Plusieurs chanteurs entourent ces musiciens en criant aussi fort qu'il leur est possible. Tous ces sons discordants font une harmonie fort peu agréable, et qui cependant paraît les réjouir fort, car la troupe entière pousse des cris de joie, quand le son des instruments redouble d'intensité.

D'autres jongleurs, moins bruyants, s'avancent lentement d'abord et comme s'ils étaient boiteux ; ils s'appuient sur leurs fusils ou leurs lances, en feignant d'être blessés; puis, après avoir fait quelques pas, on les voit faire des gambades et des pirouettes en poussant de hauts cris. Nous n'avions jamais vu un spectacle semblable.

Enfin tout le monde est réuni et s'assied sur la terre, les Nalous et les Landoumans d'un côté, les Foutahs de l'autre, ayant Madiou leur chef au milieu d'eux. Le nombre total des assistants était de deux mille environ.

Le silence s'établit. Un landouman, probablement plus savant que les autres et ayant l'habitude de parler en public, sert d'interprète aux chefs des camps opposés, et transmet les objections qui sont faites de part et d'autre. Après plusieurs messages, il s'arrête au milieu des deux camps et annonce que Madiou va se faire entendre. Tous les assistants gardent le plus profond silence, on attend avec impatience la décision du chef. Mais Madiou ne parlera que par l'organe de l'orateur public. Le nouveau Démosthènes explique à l'assemblée, dans un discours fort long, le but de la réunion, le choix qui a été fait du chef des Foutahs pour mettre fin, par un jugement sans appel, aux calamités qui pèsent sur le pays, suites inévitables de l'anarchie. Il annonce que Madiou, après avoir longtemps réfléchi à toutes les conséquences de la décision qu'il allait prendre, a préféré à son frère Tunko, Majoré, fils de Sarah, pour régner sur les Landoumans, et que Tunko a dicté ce choix par son refus de vouloir résider à Boqué, ainsi que le veut la coutume du pays, et par sa conduite envers les habitants des rives du Rio Nuñez.

Pour ajouter plus de force à cette décision : ce n'est pas Madiou, s'écrie-t-il, mais Dieu lui-même qui a décidé de ce choix ; vous devez le regarder comme le meilleur, Majoré est l'élu du Dieu des Musulmans.

Quelques murmures se firent entendre dans un groupe à l'écart, et les partisans de Tunko élevaient leurs fusils d'un air de menace. « Celui, ajoute l'orateur, qui fera la moindre démons-

» tration hostile, sera aussitôt mis à mort, car il veut s'opposer » au jugement de Dieu. »

On craignait de voir les partisans des deux compétiteurs en venir aux mains, d'après les discours passionnés et les manifestations qui avaient eu lieu pendant la journée, mais il n'en fut rien. La foule se dispersa sans tumulte dans la plaine, à la clarté de la lune au milieu de son cours, et nous songeâmes aussi à la retraite.

Majoré, reconnu ainsi roi des Landoumans, conclut avec le commandant de la goélette l'*Amaranthe*, stipulant au nom de la France, un traité en vertu duquel les Français pouvaient faire le commerce d'échange à Boqué, moyennant une redevance annuelle en argent, fusils, poudre, pièces d'étoffe, etc. Le traité fut traduit en arabe par Famoro, le grand marabout, et le chef de la caravane signa au nom de l'almamy du désert.

Tunko parut d'abord se soumettre à cette décision, mais il n'en était rien. Après avoir brûlé Wakaria, il avait entraîné à sa suite les habitants de ce village et s'était réfugié chez le vieux Bouchini au fond de son marais. Là il avait fait un traité avec les habitants du Rio Pongo, rivière située un peu plus sud que le Rio Nuñez, et ses alliés n'attendaient que le moment de notre départ pour venir, les uns par terre, les autres dans des pirogues, attaquer Majoré, le renverser de son trône et y placer Tunko.

Le choix fut malheureux ; Majoré, au lieu de prendre les intérêts des traitants européens, les accabla tellement de vexations de tout genre, qu'ils furent tous obligés de quitter le territoire de cette tribu. Les Belges, qui avaient formé un établissement dans la rivière, avaient également à se plaindre. Les choses étaient dans cet état, lorsque deux corvettes françaises, la *Recherche* et la *Prudente*, avec la goélette belge la *Marie-Louise*, arrivèrent dans le Rio Nuñez en 1849. Les commandants de ces trois bâtiments ayant reconnu qu'ils n'obtiendraient rien par des voies pacifiques, résolurent une expédition contre Boqué.

Ce village avait été mis en état de défense par Majoré, mais il ne tint pas contre l'artillerie des Français ; il fut incendié, et Majoré mis en fuite avec ce qui restait de noirs sous ses ordres. Cette expédition a fait le sujet d'un rapport du commandant de la *Recherche,* inséré dans le *Moniteur* du 19 octobre 1849.

Pendant qu'aux bords sauvages d'une rive africaine, des peuplades sorties d'hier des mains de la nature, consacraient le principe monarchique, notre France renversait le trône antique de ses rois; étrange destinée des peuples que conduit à son but une main mystérieuse et puissante!

Peut-être apprendrons-nous plus tard que les habitants de la rivière se sont aussi constitués en république; mais je ne le pense pas, car un tel gouvernement n'est pas possible là où la religion de Mahomet est en vigueur et la moitié de la population esclave.

(Extrait des Mémoires de la Société Académique de Cherbourg).

Cherbourg. — Imprimé chez Marcel MOUCHEL.

www.ingramcontent.com/pod-product-compliance
Ingram Content Group UK Ltd.
Pitfield, Milton Keynes, MK11 3LW, UK
UKHW032039260826
14628UKWH00007B/3067

9 782013 672276